Сердитий восьминіг

Історія для релаксації

ЛОРІ ЛАЙТ
Ілюстрації
Макс Стасюк

Щоб отримати додаткову інформацію, зв'яжіться з видавцем за адресою media@StressFreeKids.com

ISBN у паперовій обкладинці: 9781937985356

Перше видання 2008
Перекладне видання 2023

Опубліковано в Сполучених Штатах Америки
Надруковано в Сполучених Штатах Америки

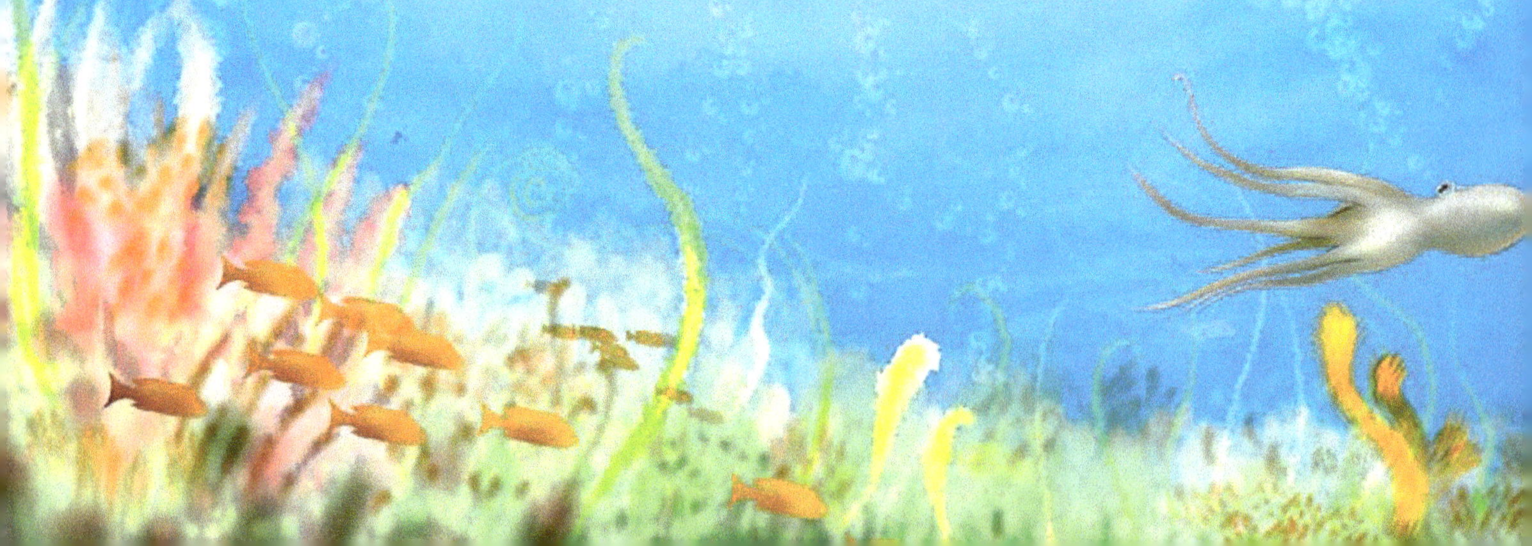

Вітаємо!

Ви збираєтеся прочитати історію під назвою «Сердитий восьминіг». Спостерігайте за восьминогом, який вчиться заспокоюватися, розслабляючи свій розум і тіло.

Зверніть увагу, як він вчиться контролювати власні почуття, тіло та гнів.

ПРИМІТКА ДЛЯ БАТЬКІВ: Розслабляюче дихання працює найкраще, коли живіт піднімається разом із диханням на вдиху і опускається на видиху. Не робіть надмірного акценту на правильне дихання. Усвідомлення гніву і дихання - це вже великий крок. Насолоджуйтесь!

Вранішнє світло сонця просочувалось вниз до входу печери. Восьминіг, який спав у печері, відчув, як життєва енергія сонця торкається його обличчя.

Він зробив глибокий вдих і розплющив очі.

Він потягнувся й вийшов зі свого дому. Прямо перед його печерою був сад із морських мушлів і камінців, який він створив сам.

Щоранку він починав свій день з сніданку у своєму особливому саду, спостерігаючи за оживленням океану в ранковому сонці.

Сьогодні вранці його сад виглядав інакше. Вночі омари, подорожуючи дном океану, спотикались об його мушлі та камінці. Все у саду було перекинуто і пошкоджено .

Восьминіг був незадоволений. Насправді, він був дуже розсерджений.

Чим більше він дивився на безлад, тим гірше він себе почував. Восьминіг злився все більше і більше, і він відчув, що його тіло напружується все сильніше. Його м'язи були напружені, а живіт бурчав, як вулкан.

Він оглянув свій зруйнований сад і його обличчя стало червоніти від гніву. Восьминіг розумів, що з ним відбувалось, але не знав, як це зупинити.

Він був такий розлючений, що подумав, що може вибухнути гнівом… і це сталося.

Розлючений восьминіг втратив самовладання,
і коли він кричав і волав, він випустив
фіолетово-чорну хмару чорнила у воду
навколо себе. Він відчув себе роздратованим і
некерованим.

Восьминіг не міг контролювати власне тіло та
почуття, і тепер ще й не міг бачити крізь темну
хмару з чорнил, що оточувала його.

Морська дитина, що пропливала повз печеру, побачила хмару збентеження і гніву та зупинилась, щоб поговорити з восьминогом.

«Чому ти такий злий? Чому ти сидиш в цій темній хмарі в такий чудовий день?» Восьминіг відповів, що не знає

чому завжди так робить, коли сердиться, але він знав, що йому не подобається це відчуття і воно завжди лише погіршує ситуацію.

Морська дитина засміялась і відповіла: «Я покажу тобі, як контролювати власне тіло і гнів. Я покажу тобі, як заспокоїтися, позбутися гніву і бачити речі ясніше».

«Ляж на спину і вмостися зручніше. Притискаючись до піску, відчуй, як він повільно рухається навколо твого тіла. Тепер закрий очі та вдихни на повні груди. Вдихни повітря через ніс і видихни через рот...»

Аххх...

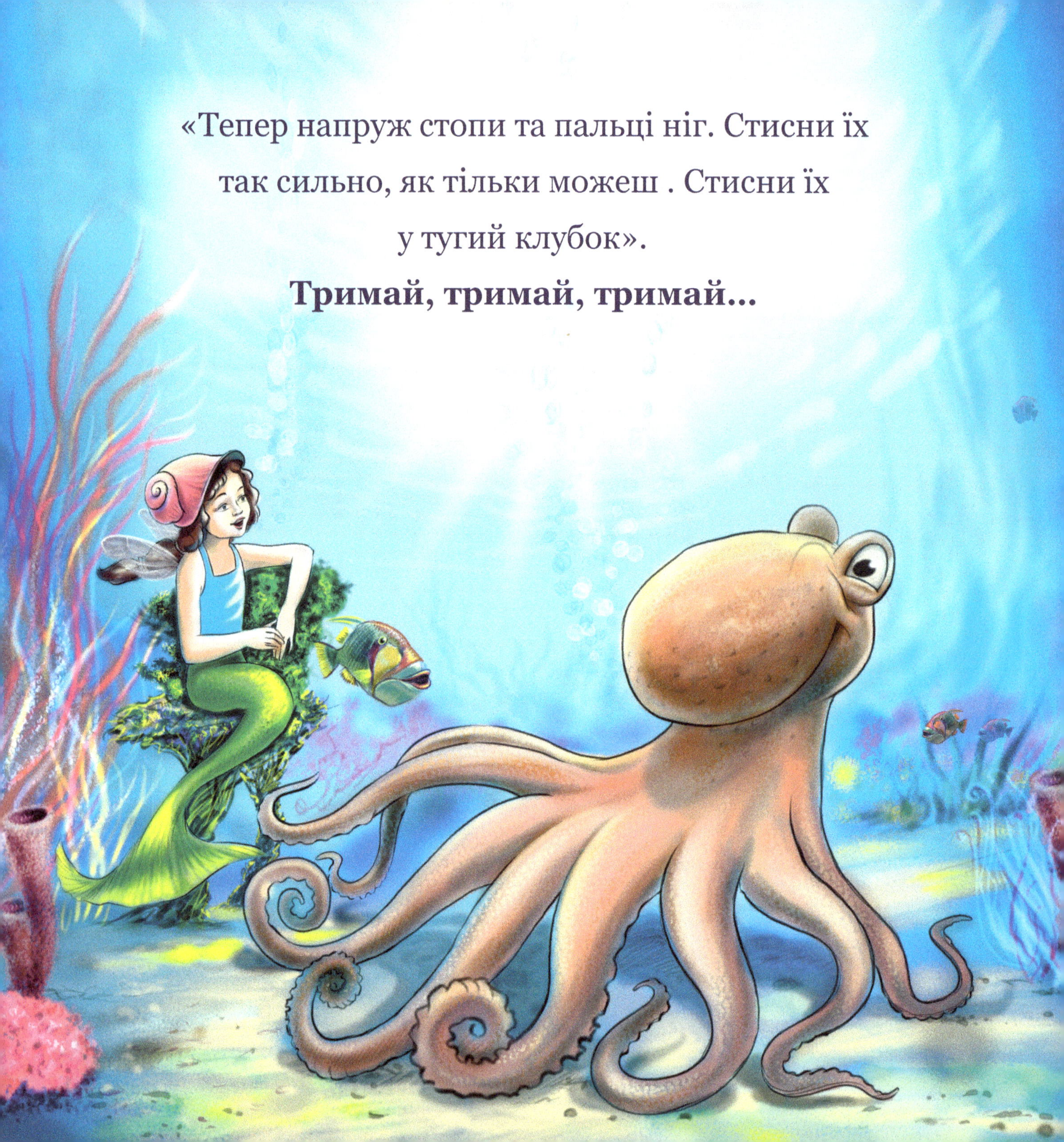

«Тепер напруж стопи та пальці ніг. Стисни їх так сильно, як тільки можеш . Стисни їх у тугий клубок».

Тримай, тримай, тримай...

Ахх...

«А тепер видихни повітря через рот... і розслаб стопи та пальці ніг».

Дивно, але восьминіг відчув, як його стопи та пальці розслабилися.

Морська дитина продовжила:

«Напруж ноги якомога сильніше

Стисни їх так сильно, як тільки можеш»

Тримай, тримай, тримай...

Аххх....

«Тепер видихни повітря через рот... і спокійно витягни ноги, дозволяючи відчуттям гніву, непомітно зникнути». Восьминіг відчув, як його щупальці витягнулися на прохолодному піску, дозволяючи відчуттям гніву покинути його тіло.

Морська дитина знову продовжила:

«Напруж стегна, живіт і спину.

Стисни їх якомога сильніше».

Тримай, тримай, тримай...

Ахх...

«Тепер видихни повітря через рот ... і дозволь своїй спині, животу і стегнам розчинитися у піску під тобою». Восьминіг відчув, як його тіло тане в м'якому піску. На заміну бурчанню в животі з'явилось абсолютне затишшя, коли він відчув, як він вдихає і видихає, вдихає і видихає.

Морська дитина продовжила:
«Напруж м'язи грудей, шиї та плечі.
Стисни їх якомога сильніше».
Тримай, тримай, тримай…

Аххх...

«Тепер видихни повітря через рот... і відчуй, як

вся ця напруга зникає з грудей, шиї та плечей».

Восьминіг відчув, як напруга покидає його груди,

шию та плечі.

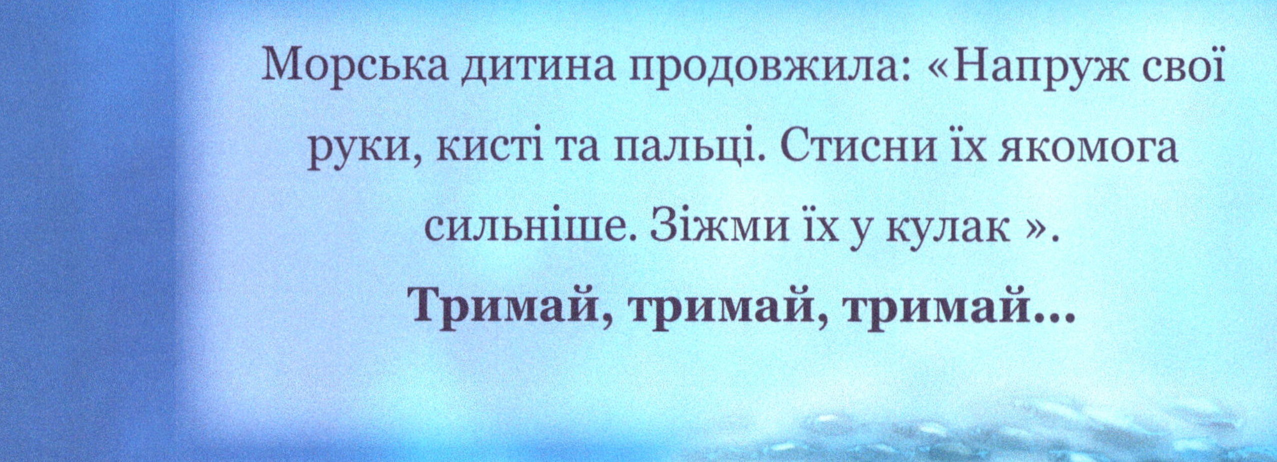
Морська дитина продовжила: «Напруж свої руки, кисті та пальці. Стисни їх якомога сильніше. Зіжми їх у кулак ».
Тримай, тримай, тримай...

Аххх...

«А тепер видихни повітря через рот... і дозволь
рукам, кистям та пальцям розкритися».
Восьминіг відчув, як його руки розкриваються і
залишки його злості зникають.

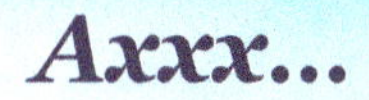

Морська дитина продовжилала:
«Напруж м'язи підборіддя, носа та губи.Скорчи повністю своє обличчя. Напруж м'язи якомога сильніше».
Тримай, тримай, тримай...

Ахкх...

«Тепер видихни повітря через рот... і дозволь обличчю розгладити зморшки». Восьминіг відчув, як його шкіра на обличчі розгладжується. Він насолоджувався своїм розслабленим станом. Він зосередився на диханні: він вдихав і видихав, вдихав і видихав, вдихав і видихав, наповнюючи живіт теплим, щасливим повітрям. Він відчував себе розслабленим і спокійним.

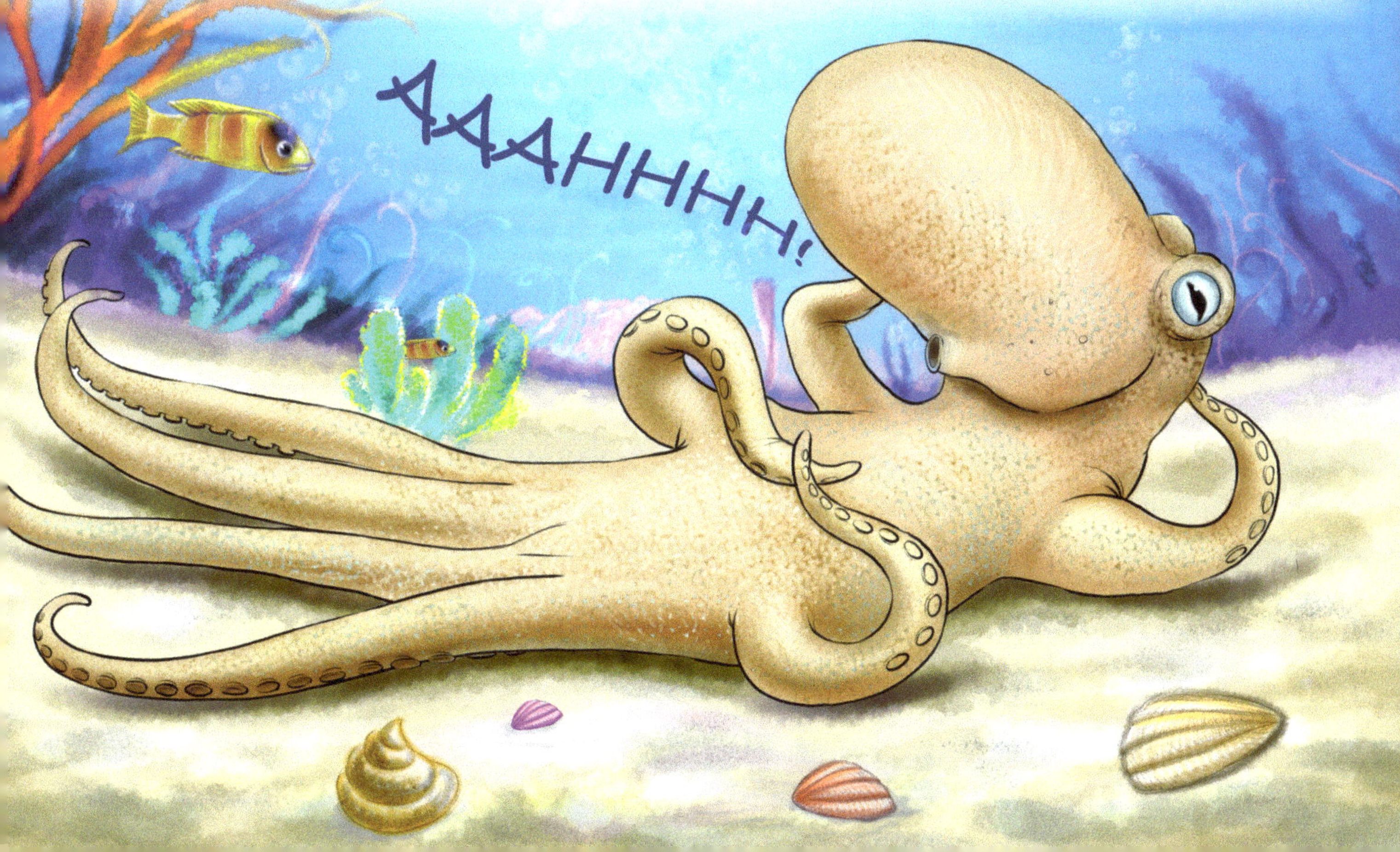

Морська дитина продовжила: «Напруж і зморщи лоб та думки в голові. Стисни їх якомога сильніше».

Тримай, тримай, тримай...
Тримай, тримай, тримай...

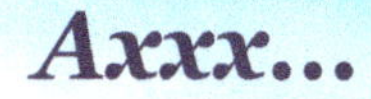

Аххх…

«Тепер видихни повітря через рот… і нехай чоло та розум стануть гладкими, ясними і нерухомими».

Наступні кілька хвилин восьминіг
залишався нерухомим.

Він зрозумів, що тепер - він господар власного тіла
та почуттів. Він відчув, як його дихання рухається
всередину та назовні, всередину та назовні, всередину
та назовні, торкаючись кожної клітини його тіла.

Він почувався добре.

За кілька хвилин восьминіг відкрив очі. Його настрій змінився, а колір його тіла повернувся до теплого коричневого відтінку. Він почувався спокійно, врівноважено і комфортно у власному тілі. Темна хмара, яка оточувала восьминога, зникла.

Завжди бурхливий океан змінився на чисту, блакитну гладь. У цей спокійний момент він зрозумів, що він міг бачити речі ясніше. Восьминіг зрозумів, що може вирішити свої проблеми без злості. З невеликою допомогою він міг би полагодити свій сад з мушлів та каміння.

Восьминіг запитав морьку дитину чи не допоможе вона йому. Разом вони працювали та сміялися, створюючи новий сад з мушлями, який був прекраснішим за все, що він

коли-небудь уявляв.

Те, що восьминіг був господарем свого відчуття гніву, допомогло йому знайти нового друга. Спокій допоміг йому побачити нові можливості та ясніше мислити.

Тепер, коли восьминіг відчуває, що збирається розсердитись, він глибоко вдихає…Аххх.

Він нагадує собі, що він господар свого тіла. Згадує, що саме спокій допоміг йому полагодити власний сад і знайти нового друга.

Він усміхається тому, наскільки краще він почувається, відчуваючи, як повітря при диханні входить і виходить, входить і виходить, входить і виходить, входить і виходить, входить і виходить, входить і виходить…

Насолоджуйтесь серією Stress Free Kids

Щоб отримати більше історій, відвідайте
www.StressFreeKids.com

Відвідайте дитячий магазин Stress Free на Amazon або там, де продаються книги.

Подумайте про покупку в незалежних/місцевих книгарнях.
Щоб переглянути повний список,
www.Bookshop.org або www.IndieBound.org.

Зберіть всю серію Indigo Dreams
і подивіться, як уся ваша родина
справляється з хвилюванням,
стресом і гнівом...

CD/Аудіокниги:

Indigo Dreams
Indigo Ocean Dreams
Indigo Teen Dreams
Indigo Dreams: Garden of Wellness
Indigo Dreams: Adult Relaxation
Indigo Dreams: 3 CD Set

Книги:

Добраніч гусениця
Хлопчик та черепаха
Катання на бульбашках
Сердитий восьминіг
Бухта морської видри
Ткач самооцінки
Хлопчик і ведмідь
Плетіння самооцінкиs

Книги, компакт-диски та уроки
доступні на www.StressFreeKids.com

Музичні компакт-диски:

Indigo Dreams: Kids Relaxation Music
Indigo Dreams: Teen Relaxation Music
Indigo Dreams: Rainforest Relaxation